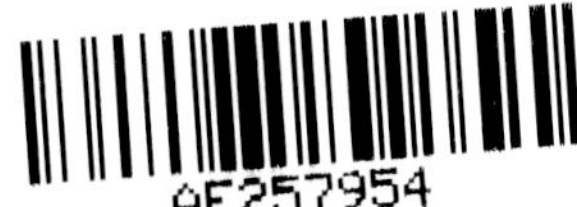
AF257954

Llama Bird
PRESS